Caballos y ponis

AGENDA ESCOLAR
permanente

Diseño de Marcela Grez

© SUSAETA EDICIONES, S.A.
Campezo, 13 - 28022 Madrid
Tel.: 91 3009100 - Fax: 91 3009118

Haz tu retrato

Datos personales

Tu foto

Nombre _____

Apellidos _____

Dirección _____

Población _____

Teléfono _____

Edad _____

Grupo sanguíneo _____

Colegio _____

Curso _____

Horario de clases

Hora	Lunes	Martes

Miércoles

Jueves

Viernes

Tus controles

Asignatura	Primera	Segunda	Tercera

Notas finales

Mis apuntes

Libros

Autor	Título

Material

Septiembre

Setembre . Setembro . Iraila

Septiembre

1

2

3

Un pequeño accidente

El día amanece.
Es el momento para
salir de paseo por
el bosque.

4

5

6

Para montar
a caballo,
hay que
usar casco
y botas.

Septiembre

7

8

9

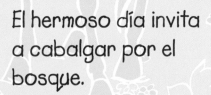

El hermoso día invita a cabalgar por el bosque.

10

11

12

Los amigos también
quieren correr
nuevas aventuras.

Septiembre

13

14

15

¡Había un zorro escondido
dentro de un tronco
hueco!

El perrito ha salido
tras él y los demás
tienen que esperar
para continuar el
paseo.

16

17

18

Septiembre

19

20

21

Es un buen momento
para recoger flores.
Pero, ¡horror!, ¡el caballo
puede estar en peligro!

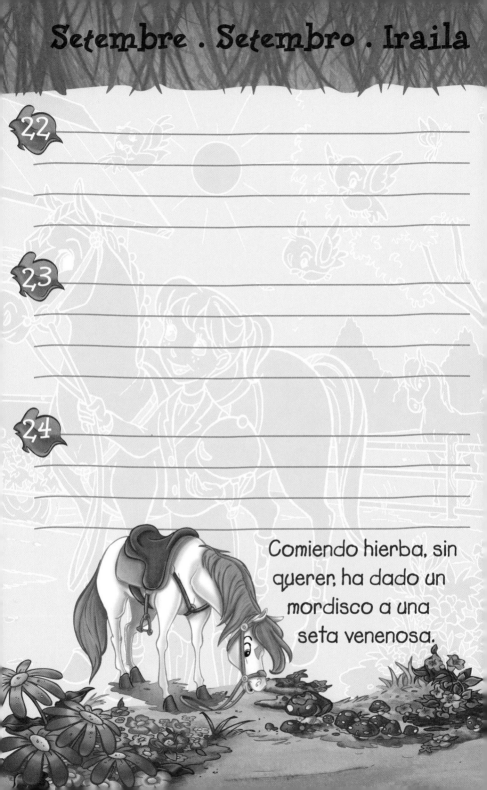

22

23

24

Comiendo hierba, sin querer, ha dado un mordisco a una seta venenosa.

Septiembre

25

26

27

Ya vuelven a casa, algo preocupados.

Setembre . Setembro . Iraila

Allí esperan los
amigos.

28

29

30

Septiembre

Resumen del mes

_____

_____

_____

_____

_____

_____

_____

_____

_____

_____

_____

_____

_____

_____

_____

_____

¡Algunas setas son muy venenosas!

Los pajaritos alegran
el bosque con sus trinos.

Octubre

Octubre · Outubro · Urria

Octubre

1

2

3

Muy preocupados, todos
observan la evolución de
su amigo.

Octubre . Outubro . Urria

4

5

6

El veterinario
ausculta al
caballo
enfermo.

Octubre

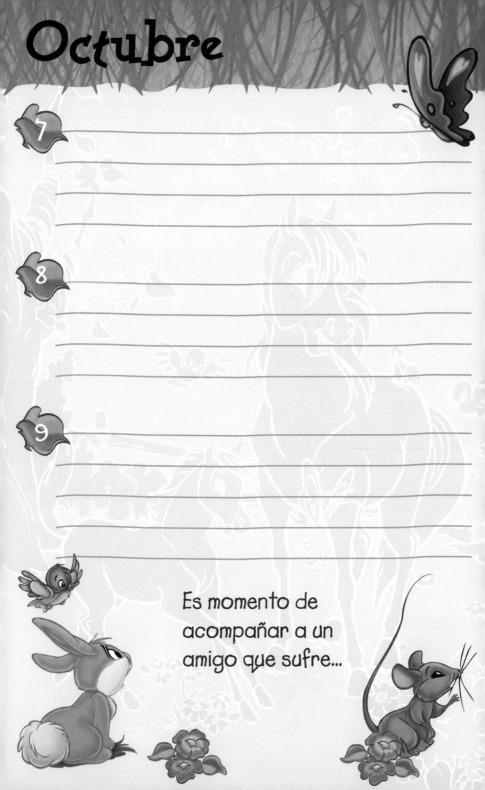

7

8

9

Es momento de
acompañar a un
amigo que sufre...

10

11

12

... y esperar que su recuperación sea rápida.

Octubre

13

14

15

El enfermo necesita descansar mucho.

Pero le
persiguen
terribles
pesadillas.

16 _____
_____
_____
_____

17 _____
_____
_____
_____

18 _____
_____
_____
_____

Octubre

19

20

21

Sueña con duendes
montados sobre
su lomo.

22

23

24

Ogros y enormes
setas lo acechan.

Octubre

Gracias a sus amorosos cuidados, el caballo consigue recuperarse.

25 _____
_____
_____
_____

26 _____
_____
_____
_____

27 _____
_____
_____
_____

28

29

30

Todos están
contentos y listos
para nuevas
aventuras.

Octubre

31

Resumen del mes

Las abejas buscan el néctar.

Octubre . Outubro . Urria

Las mariposas revolotean cerca de las flores.

Noviembre

Novembre · Novembro · Azaroa

Noviembre

1

2

3

La competición

¡Por fin ha llegado
el gran día!

4

5

6

Todos
deben
prepararse.

Noviembre

7

8

9

¡Qué bonita
pareja hacen,
tan engalanados
los dos!

10

11

12

En la cuadra todos
les desean suerte.

Noviembre

13

14

15

Ponis y jinetes
formados
esperan la señal.

La competición se
inicia con discursos,
música y aplausos.

16

17

18

Noviembre

19

20

21

La pareja espera, nerviosos los dos, su gran momento.

Novembre . Novembro . Azaroa

22

23

24

Un poni negro
es el primero en
concursar y todos
le sacan fotos.

Noviembre

25

26

27

Y por fin, comienza
la exhibición.

El público presente
aplaude sus proezas.

28

29

30

Noviembre

Resumen del mes

_____
_____
_____
_____
_____
_____
_____
_____
_____
_____
_____
_____
_____
_____
_____
_____
_____

Para la competición, las botas están brillantes.

El casco es fundamental
para la seguridad del jinete.

Diciembre

Desembre · Decembro · Abendua

Diciembre

1

2

3

Comienza la
competición
y la pareja observa a
los demás corredores.

Desembre . Decembro . Abendua

4

5

6

Algunos jinetes salen disparados cuando su poni se niega a saltar.

Diciembre

7

8

9

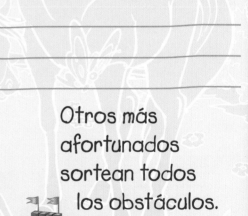

Otros más afortunados sortean todos los obstáculos.

10

11

12

Los demás esperan
su turno, ansiosos
por triunfar.

Diciembre

13

14

15

El público está
emocionado.

Desembre . Decembro . Abendua

Ha llegado el momento para nuestra pareja. Uno a uno salvan todos los obstáculos.

 16

 17

 18

Diciembre

19

20

21

Los participantes escuchan atentamente los resultados.

22

23

24

Ha sido una gran competición y todos se han esforzado mucho.

Diciembre

25
_____
_____
_____
_____

26
_____
_____
_____
_____

27
_____
_____
_____
_____

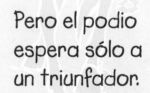

Pero el podio
espera sólo a
un triunfador.

Desembre . Decembro . Abendua

Jinete y poni
lucen con orgullo
el trofeo
obtenido.

 28

 29

30

Diciembre

31

Resumen del mes

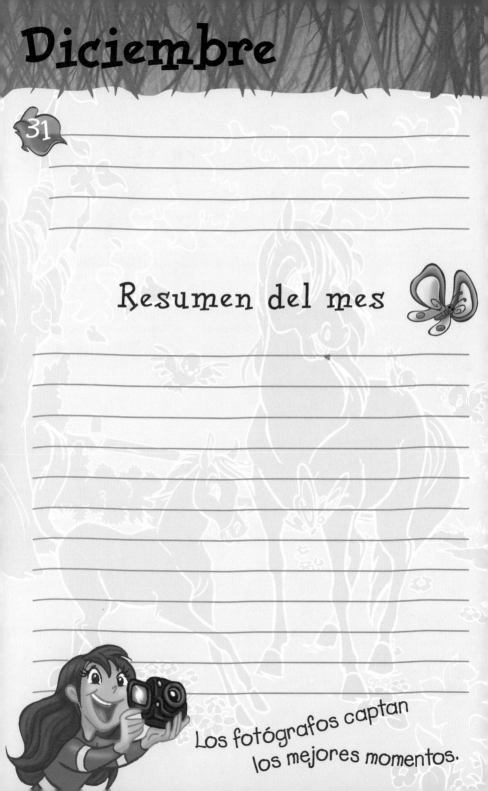

Los fotógrafos captan
los mejores momentos.

Desembre . Decembro . Abendua

El trofeo es ¡una copa!

Enero

Gener . Xaneiro . Urtarrila

Enero

1 _____
_____
_____
_____

2 _____
_____
_____
_____
_____

3 _____
_____
_____
_____
_____
_____
_____

Una nueva aventura

Hoy es un día muy
especial para todos.

4

5

6

El circo ha llegado
a la ciudad, con
sus payasos y
animales.

EL GRAN CIRCO

Enero

7

8

9

Mientras, en la cuadra, todos están muy atareados.

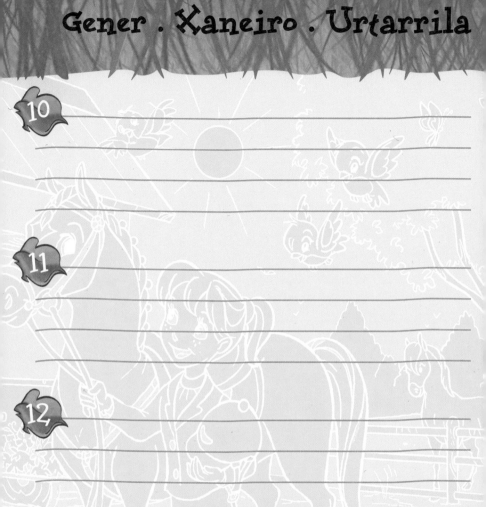

10

11

12

Hay que limpiar
el establo y dar
de comer a los
animales.

Enero

13
_____
_____
_____
_____

14
_____
_____
_____
_____

15
_____
_____
_____
_____

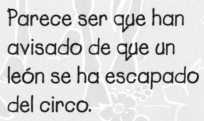

Parece ser que han
avisado de que un
león se ha escapado
del circo.

Sin embargo, nada hará que el paseo diario se suspenda.

16
_____
_____
_____
_____

17
_____
_____
_____

18
_____
_____
_____
_____

Enero

19
_____
_____
_____
_____

20
_____
_____
_____
_____

21
_____
_____
_____
_____

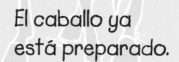

El caballo ya
está preparado.

22

23

24

Las botas, el casco y... ¡lista!

Enero

25

26

27

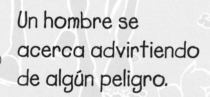

Un hombre se
acerca advirtiendo
de algún peligro.

28

29

30

Algo pasa,
todos los
animales están
asustados.

Enero

31

Resumen del mes

Gener . Xaneiro . Urtarrila

Aquí todo sigue tranquilo.

Febrero

Febrer · Febreiro · Otsaila

Febrero

1

2

3

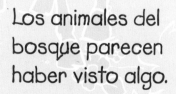

Los animales del
bosque parecen
haber visto algo.

4

5

6

Ellos siguen su paseo, advertidos del peligro.

Febrero

7

8

9

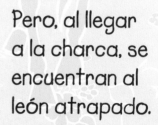

Pero, al llegar a la charca, se encuentran al león atrapado.

10

11

12

El poni se pone
nervioso.
-¡Tranquilo, es sólo
un cachorro de
león!

Febrero

¡Qué bien! ¡Van
a ayudarle a
salir!

 13
_____
_____
_____
_____

 14
_____
_____
_____
_____

 15
_____
_____
_____

_____

Febrer . Febreiro . Otsaila

16

17

18

Hay que tirar
suavemente.

Febrero

19 _____
_____
_____
_____

20 _____
_____
_____
_____
_____

21 _____
_____
_____
_____
_____

Una vez liberado
el león...

22

23

24

... hay que llevarlo
de vuelta al circo
para que
descanse.

Febrero

Al día siguiente, van a visitarle al circo.

 25

 26

27

28

29

El cachorro está feliz
en la seguridad
de su jaula.

Febrero

Resumen del mes

_____

_____

_____

_____

_____

_____

_____

_____

_____

_____

_____

_____

_____

_____

_____

_____

_____

_____

_____

_____

_____

Los juncos crecen en el agua.

Los búhos viven en los árboles.

Marzo

Marc . Marzo . Martxoa

Marzo

1

2

3

¡Ha nacido un poni!

¡Por fin llega la primavera al bosque!

Març . Marzo . Martxoa

4

5

6

Hoy es un gran día y todos están muy nerviosos.

Marzo

7

_____

_____

_____

_____

8

_____

_____

_____

_____

9

_____

_____

_____

_____

Hay que acercarse
silenciosamente para
poder observar
sin molestar.

10

11

12

Una yegua está
a punto de
parir.

Marzo

13

14

15

Después de un rato, tiene lugar el feliz acontecimiento.

Març . Marzo . Martxoa

Ha nacido un hermoso poni y su madre está muy orgullosa.

16 _____
_____
_____
_____
_____

17 _____
_____
_____
_____
_____

18 _____
_____
_____
_____
_____
_____

Marzo

19

20

21

Lo limpia bien para
presentarlo
a sus amigos.

22 _____
_____
_____
_____

23 _____
_____
_____
_____

24 _____
_____
_____
_____
_____

Todos están muy
contentos de
conocer al
nuevo habitante
del bosque.

Marzo

25 _____

_____

_____

_____

26 _____

_____

_____

_____

27 _____

_____

_____

_____

El nuevo poni
se pone de
pie por
primera vez.

Todos lo animan
para que dé sus
primeros pasos.

 28

 29

30

Marzo

31

Resumen del mes

A los perros les gusta perseguir mariposas.

Març . Marzo . Martxoa

Los ponis duermen sobre paja.

_____
_____
_____
_____
_____
_____
_____
_____
_____
_____
_____
_____
_____
_____
_____
_____
_____
_____

Abril

Abril. Abril. Apirila

Abril

1

2

3

—¡Ahora ya podemos acercarnos!

Abril . Abril . Apirila

4

5

6

El pequeño
poni tiene
hambre.

Abril

7

8

9

Todos están
encantados
de conocerlo...

10

11

12

... y su madre,
¡muy orgullosa
de presentarlo!

Abril

13 _____
_____
_____
_____

14 _____
_____
_____
_____

15 _____
_____
_____
_____
_____

Como es tan
pequeño, se
cansa pronto.

¡Qué simpático es el nuevo amigo!

16

17

18

Abril

19

20

21

Una manta
servirá para
taparlo cuando
haga frío.

22

23

24

Pronto, el joven
poni quiere
ponerse en
marcha.

Abril

25

26

27

Todos le
invitan
a correr.

Abril . Abril . Apirila

28

29

30

Y su dueña lo vigila
atentamente.

Abril

Resumen del mes

_____
_____
_____
_____
_____
_____
_____
_____
_____
_____
_____
_____
_____
_____
_____
_____
_____
_____
_____
_____
_____
_____
_____

Abril . Abril . Apirila

Para montar en un poni
se usa una montura.

Mayo

Maig . Maio . Maiatza

Mayo

1

2

3

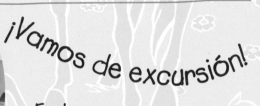

¡Vamos de excursión!

Es temprano y
ya no hay nadie
en la cuadra.

4

5

6

Es un bonito día
para pasear.

Mayo

7
_____
_____
_____
_____

8
_____
_____
_____
_____
_____

9
_____
_____
_____
_____

Lo mejor es invitar
a los amigos para
ir en compañía.

10

11

12

Y pronto
comienzan a llegar.

Mayo

13

14

15

Algunos vienen
desde muy lejos.

Maig . Maio . Maiatza

16

17

18

Hay que revisar
que no falte
nada en la
mochila.

Mayo

19

20

21

Los caballos
ya están
preparados.

22

23

24

Hora de partir.
¡Todos a sus
monturas!

Mayo

 25

 26

27

Todos están encantados de salir de excursión.

Maig . Maio . Maiatza

28

29

30

Y estudian los
mapas para no
equivocarse
de camino.

Mayo

31

Resumen del mes

La mochila para montar.

Maig . Maio . Maiatza

Siempre hay una buena
cuerda en el establo.

_____
_____
_____
_____
_____
_____
_____
_____
_____
_____
_____
_____
_____
_____
_____
_____
_____
_____
_____
_____
_____
_____
_____
_____
_____

Junio

Juny . Xuño . Ekaina

Junio

1

2

3

El instructor
les desea
suerte y
recomienda
precaución.

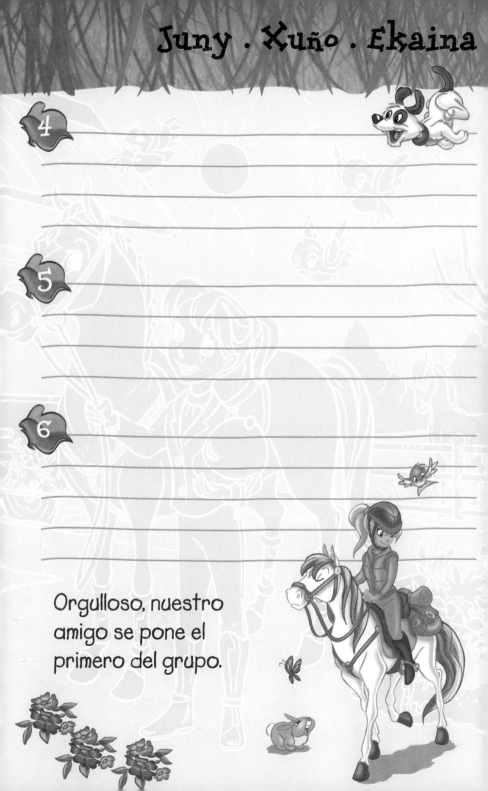

4

5

6

Orgulloso, nuestro
amigo se pone el
primero del grupo.

Junio

7
_____
_____
_____
_____

8
_____
_____
_____
_____
_____

9
_____
_____
_____
_____
_____

Todos lo siguen
en orden, sin
salirse de la fila.

10 _____
_____
_____
_____

11 _____
_____
_____
_____
_____

12 _____
_____
_____
_____

Los animales del
bosque están muy
atentos a la marcha
de los caballos.

Junio

 13 _____
_____
_____
_____

 14 _____
_____
_____
_____
_____

15 _____
_____
_____
_____
_____

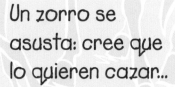

Un zorro se
asusta: cree que
lo quieren cazar...

... ¡y corre a ocultarse en un tronco hueco!

16

17

18

Junio

 19

 20

 21

Todos los habitantes del bosque se reúnen.

22

23

24

Y deciden salir en retirada.
¡Son muy tímidos!

Junio

25

26

27

La excursión llega
a su fin y hay que
volver a casa.
¡Todo ha salido
muy bien!

Al atardecer, el establo acoge al poni, fatigado por el esfuerzo. ¡Ha sido un bonito día!

 28

 29

30

Junio

Resumen del mes

Teléfonos

A·B·C   D·E·F

G · H · I   J · K · L

M.N.Ñ.O.P.Q.R.S

T.U.V W.X.Y.Z